RELATION

D'UN VOYAGE

A LA CIME

DU MONT-BLANC.

RELATION

ABRÉGÉE

D'UN VOYAGE

A LA CIME

DU MONT-BLANC.

En Août 1787

Par H. B. DE SAUSSURE.

A GENÈVE,

Chez BARDE, MANGET & Compagnie,
Imprimeurs-Libraires.

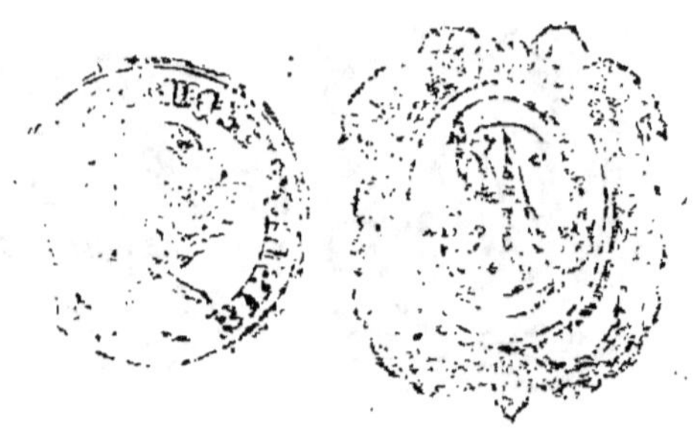

RELATION

ABRÉGÉE

D'UN VOYAGE

À LA CIME

DU MONT-BLANC.

DIVERS ouvrages périodiques ont appris au Public, qu'au mois d'Août de l'année dernière, deux habitans de Chamouni, M. PACCARD, Docteur en médecine, & le guide JAQUES BALMAT, parvinrent à la cime du Mont-Blanc, qui jusques alors avoit été regardée comme inaccessible.

Je le fus dès le lendemain, & je partis fur le champ pour effayer de fuivre leurs traces. Mais il furvint des pluies & des neiges qui me forcèrent à y renoncer pour cette faifon. Je laiffai à Jaques Balmat la commiffion de vifiter la montagne dès le commencement de Juin, & de m'avertir du moment où l'affaiffement des neiges de l'hiver la rendroit acceffible. Dans l'intervalle j'allai en Provence faire au bord de la mer des expériences qui devoient fervir de terme de comparaifon à celles que je me propofois de tenter fur le Mont-Blanc.

Jaques Balmat fit dans le mois de Juin deux tentatives inutiles ; cependant il m'écrivit qu'il ne doutoit pas qu'on ne pût y parvenir dans les premiers jours de Juillet. Je partis alors pour Chamouni. Je rencontrai à Sallenche le courageux Balmat qui venoit à Genève m'annoncer fes nouveaux fuccès ; il étoit monté le 5 Juillet à la cime de la montagne avec deux autres guides, Jean-Michel Cachat & Alexis Tournier. Il pleuvoit quand j'arrivai à Chamouni, & le mauvais temps dura près de quatre femaines. Mais j'étois décidé à attendre jufques à la fin de la faifon plutôt que de manquer le moment favorable.

Il vint enfin, ce moment fi défiré, & je me

mis en marche le 1er. Août, accompagné d'un
domeſtique & de 18 guides (*) qui portoient mes
inſtrumens de phyſique & tout l'attirail dont
j'avois beſoin. Mon Fils aîné deſiroit ardemment
de m'accompagner ; mais je craignis qu'il ne fût
pas encore aſſez robuſte & aſſez exercé à des
courſes de ce genre. J'exigeai qu'il y renonçât.
Il reſta au Prieuré, où il fit avec beaucoup de ſoin
des obſervations correſpondantes à celles que je
faiſois ſur la cime.

(*) *Voici leurs noms.*

Jaques Balmat , dit *le Mont-Blanc.*
Pierre Balmat ⎫
Marie Coutet ⎭ mes guides ordinaires.
Jaques Balmat , domeſtique de Mde. Couteran.
Jean-Michel Cachat , dit *le Géant.*
Jean-Baptiſte Lombard , dit *Joraſſe.*
Alexis Tournier.
Alexis Balmat.
Jean-Louis Dévouaſſou.
Jean-Michel ⎫
Michel ⎪
François ⎬ Dévouaſſou , frères.
Pierre ⎭
François Coutet.
. . . . . . Ravanet.
Pierre-François Favret.
Jean-Pierre Cachat.
. . . . *Jean-Michel* Tournier.

A iv

Quoiqu'il y ait à peine deux lieues & un quart en ligne droite, du Prieuré de Chamouni à la cime du Mont-Blanc, cette course a toujours exigé au moins 18 heures de marche, parce qu'il y a de mauvais pas, des détours & environ 1920 toises à monter.

Pour être parfaitement libre sur le choix des lieux où je passerois les nuits, je fis porter une tente, & le premier soir j'allai coucher sous cette tente au sommet de la montagne de la Côte, qui est située au midi du Prieuré, & à 779 toises au-dessus de ce village. Cette journée est exempte de peines & de dangers; on monte toujours sur le gazon ou sur le roc, & l'on fait aisément la route en cinq ou six heures. Mais de là jusques à la cime, on ne marche plus que sur les glaces ou sur les neiges.

La seconde journée n'est pas la plus facile. Il faut d'abord traverser le glacier de la Côte pour gagner le pied d'une petite chaîne de rocs qui sont enclavés dans les neiges du Mont-Blanc. Ce glacier est difficile & dangereux. Il est entrecoupé de crevasses larges, profondes & irrégulieres; & souvent on ne peut les franchir que sur des ponts de neige, qui sont quelquefois très-minces & suspendus sur des abîmes. Un de mes guides faillit à y périr. Il étoit allé la veille avec deux autres pour reconnoître le paſſage : heureuſement ils avoient eu la précaution de ſe lier les uns aux autres avec des cordes ; la neige ſe rompit ſoûs lui au milieu d'une large & profonde crevaſſe, & il demeura ſuſpendu entre ſes deux camarades. Nous paſsâmes tout près de l'ouverture qui s'étoit formée ſous lui, & je frémis à la vue du danger qu'il avoit couru. Le paſſage de ce glacier eſt ſi difficile & ſi tortueux, qu'il nous fallut trois heures pour aller du haut de la Côte juſques aux premiers rocs de la chaîne iſolée ; quoiqu'il n'y ait guères plus d'un quart de lieue en ligne droite.

Après avoir atteint ces rocs, on s'en éloigne d'abord pour monter en ſerpentant dans un vallon rempli de neiges, qui va du nord au ſud juſques au pied de la plus haute cime. Ces neiges ſont coupées de loin en loin par d'énormes & ſuperbes crevaſſes. Leur coupe vive & nette montre les neiges diſpóſées par couches horiſontales, & chacune de ces couches correſpond à une année. Quelle que ſoit la largeur de ces crevaſſes, on ne peut nulle part en découvrir le fond.

Mes guides deſiroient que nous paſſaſſions la nuit auprès de quelqu'un des rocs que l'on rencontre ſur cette route ; mais comme les plus élevés ſont encore de 6 ou 700 toises plus bas que la cime, je voulois m'élever davantage. Pour cela il falloit aller camper au milieu des neiges ; & c'est à quoi j'eus beaucoup de peine à déterminer mes compagnons de voyage. Ils s'imaginoient que pendant la nuit il règne dans ces hautes neiges un froid absolument insupportable, & ils craignoient sérieusement d'y périr. Je leur dis enfin que pour moi j'étois déterminé à y aller avec ceux d'entr'eux dont j'étois sûr, que nous creuserions profondément dans la neige, qu'on couvriroit cette excavation avec la toile de la tente, que nous nous y renfermerions tous ensemble, & qu'ainsi nous ne souffririons point du froid, quelque rigoureux qu'il pût être. Cet arrangement les rassura, & nous allâmes en avant.

A quatre heures du soir nous atteignîmes le second des trois grands plateaux de neige que nous avions à traverser. C'est là que nous campâmes à 1455 toises au-dessus du Prieuré & à 1995 au-dessus de la mer, 90 toises plus haut que la cime du pic de Téneriffe. Nous n'allâmes pas jusqu'au dernier plateau, parce qu'on y est exposé aux avalanches. Le premier plateau par lequel nous venions de passer n'en est pas non plus exempt. Nous avions traversé deux de ces avalanches, tombées depuis le dernier voyage de BALMAT, & dont les débris couvroient la vallée dans toute sa largeur.

Mes guides se mirent d'abord à excaver la place dans laquelle nous devions passer la nuit; mais ils sentirent bien vîte l'effet de la rareté de l'air. (Le baromètre n'étoit qu'à 17 pouces, 10 lignes $\frac{29}{32}$.) Ces hommes robustes, pour qui 7 ou 8 heures de marche, que nous venions de faire ne sont absolument rien, n'avoient pas soulevé 5 ou 6 pellées de neige, qu'ils se trouvoient dans l'impossibilité de continuer; il falloit qu'ils se relayassent d'un moment à l'autre. L'un d'eux, qui étoit retourné en arrière pour prendre dans un baril de l'eau que nous avions vue dans une crevasse, se trouva mal en y allant, revint sans eau, & passa la soirée dans les angoisses les plus pénibles. Moi-même, qui suis si accoutumé à l'air des montagnes, qui me porte mieux dans cet air que dans celui de la plaine, j'étois épuisé de fatigue en observant mes instrumens de météorologie. Ce mal-aise nous donnoit une soif ardente, & nous ne pouvions nous procurer de l'eau qu'en faisant fondre de la neige; car l'eau que nous avions vue en montant se trouva gelée quand on voulut y retourner; & le petit réchaud à charbon que j'avois fait porter servoit bien lentement 20 personnes altérées.

Du milieu de ce plateau, renfermé entre la dernière cime du Mont-Blanc, au midi ; ses hauts gradins à l'eſt & le dôme du Goûté à l'oueſt, on ne voit preſque que des neiges ; elles ſont pures, d'une blancheur éblouiſſante, & ſur les hautes cimes elles forment le plus ſingulier contraſte avec le ciel preſque noir de ces hautes régions. On ne voit là aucun être vivant, aucune apparence de végétation ; c'eſt le ſéjour du froid & du ſilence. Lorſque je me repréſentois le Docteur PACCARD & Jaques BALMAT arrivant les premiers au déclin du jour dans ces déſerts, ſans abri, ſans ſecours, ſans avoir même la certitude que les hommes pûſſent vivre dans les lieux où ils prétendoient aller, & pourſuivant cependant toujours intrépidément leur carrière, j'admirois leur force d'eſprit & leur courage.

MES guides toujours préoccupés de la crainte du froid, fermèrent ſi exactement tous les joints de la tente, que je ſouffris beaucoup de la chaleur & de l'air corrompu par notre reſpiration. Je fus obligé de ſortir dans la nuit pour reſpirer. La lune brilloit du plus grand éclat au milieu d'un ciel d'un noir d'ébêne ; Jupiter ſortoit tout rayonnant auſſi de lumière, de derrière la plus haute cime à l'eſt du Mont-Blanc, & la lumière reverbérée partout ce baffin de neiges étoit fi éblouiffante, qu'on ne pouvoit diftinguer que les étoiles de la première & de la feconde grandeur. Nous commencions enfin à nous endormir, lorfque nous fûmes réveillés par le bruit d'une grande avalanche, qui couvrit une partie de la pente que nous devions gravir le lendemain. A la pointe du jour le thermomètre étoit à trois degrés au-deffous de la congélation.

Nous ne partîmes que tard, parce qu'il fallut faire fondre de la neige pour le déjeûné & pour la route; elle étoit bue auffitôt que fondue, & ces gens qui gardôient religieufement le vin que j'avois fait porter, me déroboient continuellement l'eau que je mettois en réferve.

Nous commençâmes par monter au troifième & dernier plateau, puis nous tirâmes à gauche pour arriver fur le rocher le plus élevé à l'eft de la cime. La pente eft extrêmement rapide, de 39 degrés en quelques endroits; partout elle aboutit à des précipices; & la furface de la neige étoit fi dure, que ceux qui marchoient les premiers ne pouvoient pas affurer leurs pas, fans la rompre avec une hache. Nous mîmes 2 heures à gravir cette pente, qui a environ 250 toifes de hauteur. Parvenus au dernier rocher, nous reprîmes à droite à l'oueft pour gravir la dernière pente, dont la hauteur perpendiculaire est à-peu-près de 150 toises. Cette pente n'est inclinée que de 28 à 29 degrés & ne présente aucun danger ; mais l'air y est si rare que les forces s'épuisent avec la plus grande promptitude ; près de la cime je ne pouvois faire que 15 ou 16 pas sans reprendre haleine, j'éprouvois même de temps en temps un commencement de défaillance qui me forçoit à m'asseoir : mais à mesure que la respiration se rétablissoit, je sentois renaître mes forces ; il me sembloit en me remettant en marche que je pourrois monter tout d'une traite jusqu'au sommet de la montagne. Tous mes guides, proportion gardée de leurs forces, étoient dans le même état. Nous mîmes deux heures depuis le dernier rocher jusqu'à la cime, & il en étoit onze quand nous y parvînmes.

Mes premiers regards furent sur Chamouni, où je savois ma femme & ses deux sœurs, l'œil fixé au télescope ; suivant tous mes pas avec une inquiétude, trop grande sans doute, mais qui n'en étoit pas moins cruelle ; & j'éprouvai un sentiment bien doux & bien consolant, lorsque je vis flotter l'étendard qu'elles m'avoient promis d'arborer au moment où, me voyant parvenu à la cime, leurs craintes seroient au moins suspendues.

Je pus alors jouir sans regret du grand spectacle

que j'avois fous les yeux. Une légère vapeur fufpendue dans les régions inférieures de l'air me déroboit à la vérité la vue des objets les plus bas & les plus éloignés, tels que les plaines de la France & de la Lombardie ; mais je ne regrettai pas beaucoup cette perte ; ce que je venois voir, & ce que je vis avec la plus grande clarté, c'eft l'enfemble de toutes les hautes cimes dont je défirois depuis fi long-temps de connoître l'orga-nifation. Je n'en croyois pas mes yeux, il me fembloit que c'étoit un rêve, lorfque je voyois fous mes pieds ces cimes majeftueufes, ces redou-tables Aiguilles, le Midi, l'Argentière, le Géant, dont les bafes mêmes avoient été pour moi d'un accès fi difficile & fi dangereux. Je faififfois leurs rapports, leur liaifon, leur ftructure, & un feul regard levoit des doutes que des années de travail n'avoient pu éclaircir.

Pendant ce temps-là mes guides tendoient ma tente, & y dreffoient la petite table fur laquelle je devois faire l'expérience de l'ébullition de l'eau. Mais quand il fallut me mettre à difpofer mes inftrumens & à les obferver, je me trouvai à chaque inftant obligé d'interrompre mon travail, pour ne m'occuper que du foin de refpirer. Si l'on confidère que le baromètre n'étoit là qu'à 16 pouces 1 ligne ; & qu'ainfi l'air n'avoit guères plus de la moitié de fa denfité ordinaire, on comprendra qu'il falloit fuppléer à la denfité par la fréquence des infpirations. Or, cette fréquence accéléroit le mouvement du fang, d'autant plus que les artères n'étoient plus contrebandées au dehors par une preffion égale à celle qu'elles éprouvent à l'ordinaire. Auffi avions-nous tous la fièvre, comme on le verra dans le détail des obfervations.

Lorfque je demeurois parfaitement tranquille, je n'éprouvois qu'un peu de mal-aife, une légère difpofition au mal de cœur. Mais lorfque je prenois de la peine, ou que je fixois mon attention pendant quelques momens de fuite, & furtout lorfqu'en me baiffant je comprimois ma poitrine, il falloit me repofer & haleter pendant deux ou trois minutes. Mes guides éprouvoient des fénfations analogues. Ils n'avoient aucun appétit ; & à la vérité nos vivres, qui s'étoient tous gelés en route, n'étoient pas bien propres à l'exciter ; ils ne fe foucioient pas même du vin & de l'eau-de-vie. En effet, ils avoient éprouvé que les liqueurs fortes augmentent cette indifpofition, fans doute, en accélérant encore la vîteffe de la circulation. Il n'y avoit que l'eau fraîche qui fît

du

du bien & du plaifir, & il fallut du temps & de la peine pour allumer du feu; fans lequel nous ne pouvions point en avoir.

Je reftai cependant fur la cime jufqu'à 3 heures & demie, & quoique je ne perdiffe pas un feul moment, je ne pus pas faire dans ces 4 heures & demie toutes les expériences que j'ai fréquemment achevées en moins de 3 heures au bord de la mer. Je fis cependant avec foin celles qui étoient les plus effentielles.

Je defcendis beaucoup plus aifément que je ne l'avois efpéré. Comme le mouvement que l'on fait en defcendant ne comprime point le diaphragme, il ne gêne pas la refpiration, & l'on n'eft point obligé de reprendre haleine. La defcente du rocher au premier plateau, étoit cependant bien pénible par la rapidité; & le foleil éclairoit fi vivement les précipices que nous avions fous nos pieds, qu'il falloit avoir la tête bonne pour n'en être pas effrayé. Je vins coucher encore fur la neige à 200 toifes plus bas que la nuit précédente. Ce fut là que j'achevai de me convaincre que c'étoit bien la rareté de l'air qui nous incommodoit fur la cime; car fi c'eût été la fatigue, nous aurions été beaucoup plus malades, après cette longue & pénible defcente; & au contraire,

B

nous foupâmes de bon appétit, & je fis mes obfervations fans aucun fentiment de mal-aife. Je crois
même que la hauteur où commence cette indifpofition eft parfaitement tranchée pour chaque
individu. Je fuis très-bien jufqu'à 1900 toifes
au-deffus de la mer, mais je commence à être
incommodé lorfque je m'élève davantage.

Le lendemain, nous trouvâmes le glacier de la
Côte changé par la chaleur de ces deux jours,
& plus difficile encore à traverfer qu'il ne l'étoit
en montant. Nous fûmes obligés de defcendre
une pente de neige, inclinée de 50 degrés, pour
éviter une crevaffe qui s'étoit ouverte pendant
notre voyage. Enfin, à 9 heures & demie nous
abordâmes à la montagne de la Côte, très-contens
de nous retrouver fur un terrain que nous ne
craignons pas de voir s'enfoncer fous nos pieds.

Je rencontrai là M. Bourrit qui vouloit en-
gager quelques-uns de mes guides à remonter fur
le champ avec lui; mais ils fe trouvèrent trop
fatigués, & voulurent aller fe repofer à Chamouni.
Nous defcendîmes donc tous enfemble gaiement
au Prieuré, où nous arrivâmes pour dîner. J'eus
un grand plaifir à les ramener tous fains & faufs,
avec leurs yeux & leur vifage dans le meilleur
état. Les crêpes noirs dont je m'étois pourvu

& dont nous nous étions tous enveloppé le visage, nous avoient parfaitement préservés ; au lieu que nos prédécesseurs étoient revenus presqu'aveugles, & avec le visage brûlé & gercé jusqu'au sang par la reverbération des neiges.

Notice des observations & des expériences faites sur la cime du Mont-Blanc, le 3 Août 1787.

NB. LES développemens paroîtront dans le IIIe. Vol. de mes Voyages.

Forme de la cime. On ne trouve point de plaine sur cette cime, c'est une arrête alongée, à-peu-près horisontale dans sa partie la plus élevée, dirigée du levant au couchant, & descendant de part & d'autre dans ces deux directions sous des angles de 28 à 30 degrés. Du côté du midi la pente est fort douce, de 15 à 20 degrés, mais de 45 à 50 du côté du nord. Cette arrête est tout-à-fait étroite, & presque tranchante à son sommet, au point que deux personnes ne pourroient pas y marcher de front ; mais elle s'arrondit en descendant du côté de l'est, & elle prend du côté de l'ouest la forme d'un avant-toit saillant au nord. Toute cette sommité est entièrement couverte de neige, on n'en voit sortir aucun rocher,

B ij

fi ce n'eft à 60 ou 70 toifes au-deffous de la cime.

Neige de la cime. Sa furface eft écailleufe, couverte en quelques endroits d'un vernis de glace; fa confiftance eft ferme, on y enfonce cependant un bâton, mais avec quelque difficulté. Les pentes de la cime font couvertes d'une croûte de neige gelée, qui fe rompt fréquemment fous les pieds, & au-deffous de cette croûte on trouve une neige folle & fans cohérence.

Rochers. Les plus élevés font tous de granit; ceux du côté de l'eft font mélangés d'un peu de ftéatite, ceux du midi & de l'oueft contiennent beaucoup de fchorl, & un peu de pierre de corne. Un des plus élevés à l'eft préfente des couches bien prononcées & à-peu-près verticales. M. le Docteur PACCARD avoit déjà fait cette obfervation. Les plus hauts que l'on rencontre, font deux petits rocs de granit très-rapprochés l'un de l'autre, fitués à l'eft de la cime, & à 60 ou 70 toifes au-deffous d'elle. On ne peut pas douter que le plus élevé des deux n'ait été depuis peu fracaffé par la foudre; car nous trouvâmes fes fragmens épars de tous côtés fur la neige nouvelle, à plufieurs pieds de diftance. Je ne pus cependant y découvrir aucune bulle vitreufe, fans doute, parce que toutes ſes parties conſtituantes ſont très-réfractaires. Le rocher inférieur préſente la forme d'une table horizontale liſſe par-deſſus. Cette table s'enfonce dans la neige du côté d'en-haut, mais elle s'élève au-deſſus de ſa ſurface du côté d'en-bas ou de l'eſt, de 4 pieds 8 pouces 6 lignes. Cette meſure exacte ſervira à décider dans la ſuite ſi ces neiges augmentent ou diminuent.

Animaux. Nous n'avons vu d'autres animaux que deux papillons ; l'un étoit une petite phalène griſe qui traverſoit le premier plateau, l'autre étoit un papillon de jour que je crois être le *Myrtil* ; il traverſoit la dernière pente du Mont-Blanc à environ 100 toiſes au-deſſous de la cime. Vraiſemblablement ils avoient été portés là par les vents.

Végétaux. La plante parfaite, ou à fleurs diſtinctes que j'ai rencontrée à la plus grande hauteur, c'eſt la *Silene acaulis* ou le *Carnillet mouſſier* de M. de la MARCK : j'en trouvai une touffe fleurie dans le roc, près duquel je couchai à mon retour, environ à 1780 toiſes au-deſſus de la mer. Mais j'ai vu de petits lichens tuberculés, juſques ſur les rochers les plus élevés ; & entr'au-

tres le *sulphureus* & le *rupestris* de *Hoffmann Enu-
merat. lichenum.

Baromètre. J'avois pris pour ce voyage trois
barometres, j'en laissai un au Prieuré de Chamouni,
à mon fils, pour qu'il fit des observations cor-
respondantes, & aux miennes, & à celles que M.
Senebier avoit bien voulu se charger de faire à
Genève. Je fis porter les deux autres sur le Mont-
Blanc, pour qu'ils se contrôlassent réciproquement.
Le 3 Août, à midi, à 3 pieds au-dessous de la
cime du Mont-Blanc ils étoient à 16 pouces,
0 ligne $\frac{144}{160}$ de ligne, correction faite de la con-
densation du mercure par le froid, & de la petite
différence qu'il y avoit entre les deux instrumens.
Dans le même moment le baromètre de M. Senebier à Genève étoit, toute correction faite, à
27, 2. $\frac{1085}{1600}$. Le thermomètre à l'ombre étoit sur
le Mont-Blanc à 2 degrés 3 dixièmes au-dessous
de la congélation, & à Genève à 22, 6 au-dessus.
D'après ces hauteurs relatives du baromètre &
du thermomètre, si l'on calcule la hauteur de la
montagne suivant la formule de M. De Luc, on
trouvera 2218 toises au-dessus du cabinet de
M. Senebier, & 2272 suivant celle de M. Trembley. Il faut ajouter à cette hauteur, celle du
cabinet de M. Senebier au-dessus du lac, c'est-à-

dire, environ 13 toifes. Donc la hauteur du Mont-Blanc fur le lac feroit de 2231 toifes fuivant la première formule, & de 2285 fuivant la feconde. Or, la mefure trigonométrique du Chevalier SCHUCKBURGH, plus haute de 19 toifes que celle de M. PICTET, donne au Mont-Blanc une hauteur intermédiaire entre ces deux, favoir 2257 toifes au-deffus du lac. Ici donc, comme à l'ordinaire, la formule de M. DE LUC diminue trop la hauteur donnée par les logarithmes; & fi dans ce cas-ci celle de M. TREMBLEY ne la diminue pas affez, la raifon en eft évidente. La couche d'air fupérieure eft beaucoup plus froide autour du Mont-Blanc qu'autour des autres montagnes, à caufe des neiges & des glaces qui l'entourent prefque dès fa bafe. Il faut donc pour lui une correction un peu plus grande que pour les autres montagnes. Au refte le Chevalier SCHUCKBURGH n'a mefuré le Mont-Blanc que d'après des bafes extrêmement petites, & même la plus grande de ces bafes donne au Mont-Blanc 2261 toifes, ce qui augmente l'écart de M. DE LUC, & diminue celui de M. TREMBLEY.

LE réfultat de l'obfervation faite à Chamouni, par mon fils, fe rapproche encore plus de la mefure du Chevalier SCHUCKBURGH, lorfqu'on calcule cette obfervation d'après la formule de M. TREMBLEY. Une feconde obfervation que je fis à deux heures fur le Mont-Blanc, ne s'écarte pas non plus fenfiblement de la première. On peut conclure de-là que le Mont-Blanc ne s'éloigne pas beaucoup de la hauteur que lui donne le chevalier SCHUCKBURGH: favoir, 2450 toifes au-deffus de la mer.

Thermomètre de mercure, à boule ifolée, fuf-pendu à quatre pieds au-deffus de la cime à midi au foleil + 1. 3, à la même hauteur, mais à l'ombre du bâton auquel il étoit fufpendu — 2, 3, & un autre thermomètre dont la boule étoit teinte en noir + 1, 9.

Les mêmes aux mêmes lieux à deux heures; au foleil + 1, 3, à l'ombre + , 2, 5, & le noir au foleil + , 9.2.

Hygromètre. J'en avois deux, je commençai par les renfermer dans une boëte humectée (1); ils vinrent comme dans la plaine à leur terme d'humidité extrême. Je les plaçai enfuite comme les thermomètres; l'un au foleil & l'autre à

---

(1) Je ferai voir dans peu combien les objections de M. DE LUC contre cette manière d'obtenir l'humidité extrême font mal fondées, & combien fon nouvel hygro-mètre eft un inftrument vicieux & trompeur.

l'ombre du bâton auquel ils étoient fufpendus. A midi au foleil, 44, à l'ombre 51. Cette différence eft ici beaucoup plus grande qu'elle ne l'eft ordinairement dans la plaine. A trois heures au foleil 46, à l'ombre 52. A Genève l'hygromètre étoit à midi à 76, 7, & au Prieuré à 73, 4.

Il fuit de-là que fur le Mont-Blanc l'air contenoit fix fois moins d'humidité qu'à Genève. Car d'après mes tables (*Effais fur l'Hygrométrie*, §. 180) un pied cube d'air à la température de — 2, 6 & au degré de féchereffe de 57°. ne contient qu'un grain $\frac{7}{10}$ d'eau réduite en vapeur ; tandis que ce même pied cube à la température de 22, 6 & au degré de féchereffe de 76, 7, en contient un peu plus de 10. Cette extrême féchereffe de l'air étoit fans doute une des caufes de la foif ardente que nous éprouvions.

Electromètre. Les boules divergeoient de trois lignes, l'électricité étoit pofitive. Je fus étonné de ne pas la trouver plus forte ; cela vient vraifemblablement de la féchereffe de l'air.

Ebullition de l'eau. L'eau bout à 68 degrés 993 millièmes d'un thermomètre armé d'un micromètre, où le mercure monte à 80 degrés lorfque le baromètre eft à 27 pouces. L'eau eft renfermée dans une bouilloire qui fe chauffe par une lampe à efprit de vin, conftruite fur les principes de M. ARGAND. Tout cet appareil a été conftruit par M. PAUL avec la plus grande exactitude. Il fallut fur le Mont-Blanc demi-heure pour faire bouillir l'eau, tandis qu'il ne faut à Genève que 15 à 16 minutes & au bord de la mer 12 ou 13. Dans le même appareil l'eau prit au bord de la mer le 22 Avril de cette année une chaleur de 81°, 299 ; le baromètre corrigé à 28 pouces 7 lignes $\frac{82}{160}$ de ligne, ce qui fait 12 degrés 306 millièmes de différence.

Couleur du ciel. J'avois teint des bandes de papier avec du bleu d'azur de feize nuances diffé- rentes, depuis la plus foncée que j'avois cottée N°. 1, jufques à la plus pâle poffible, cottée N°. 16 ; j'avois pris fur chacune de ces bandes trois quarrés égaux, & j'avois ainfi formé trois fuites parfaitement femblables de ces nuances, je laiffai l'une de ces fuites à M. SENEBIER, l'autre à mon Fils, & j'emportai la troifième. Le 3 Août à midi, le ciel au zénith à Genève paroiffoit de la 7.me nuance, à Chamouni entre la 5.me & la 6.me, & fur le Mont-Blanc entre la 1.ere & la 2.me, c'eft-à-dire tout près du bleu de roi le plus foncé.

Vent. A la cime du Mont-Blanc il venoit directement du Nord, & il étoit incommode par son froid lorsqu'on étoit sur le tranchant de la cime, mais pour peu qu'on descendît du côté du midi, on ne le sentoit absolument point, on jouissoit d'une température agréable, & la plupart de mes guides dormoient ou se reposoient sur leurs sacs étendus sur la neige.

Déclinaison de l'aiguille aimantée. La même qu'au Prieuré.

Eau de chaux. Je la mêlai avec parties égales d'eau distillée, pour que s'il paroissoit une crême de chaux, on ne fût pas dans le doute si elle étoit due à l'air fixe ou au rapprochement produit par l'évaporation : J'en remplis deux petits verres que je posai sur la cime, loin de la place que nous occupions, & en prenant bien garde à ne pas diriger sur eux ma respiration. Au bout d'une heure & trois quarts, je trouvai dans chacun des verres une pellicule couleur d'iris nageant à la surface de l'eau, qui commençoit à se geler sur les bords. Près de la mer, dans le même espace de temps, il se formoit une croûte beaucoup plus épaisse.

Alkali caustique. Je trempai des bandes de papier dans de l'alkali végétal caustique, préparé par mon fils avec le plus grand soin ; ces bandes en sortant de la bouteille ne faisoient aucune effervescence dans les acides ; mais lorsqu'elles eurent

été expofées à l'air fur la cime de la montagne
pendant une heure & demie, elles fe trouvèrent
défféchées & firent alors une très-vive effervefcence.
J'avois cependant pris pour elles les mêmes pré-
cautions que pour l'eau de chaux. On ne peut
donc pas douter qu'à cette hauteur l'air atmof-
phérique ne foit encore mélangé d'air fixe.

Ombres. Sans couleur.

L'odorat & le goût avoient là toute leur per-
fection : nous trouvâmes tous au vin & à nos
alimens le même goût & la même odeur que
nous leur avions trouvé au pied de la montagne.

Son. Un coup de piftolet tiré fur la cime ne
fit pas plus de bruit qu'un petit pétard de la
Chine n'en fait dans une chambre.

Viteffe du pouls. Après 4 heures de féjour &
de repos fur la cime, le pouls de Pierre BALMAT
battoit 98 pulfations par minute, celui de TÊTU
mon domeftique 112, & le mien 100. A Chamouni les mêmes dans le même ordre, 49, 60, 72.

Hauteur relative de la cime du Mont-Blanc.
Les fommités les plus élevées que je puffe découvrir, étoient le Schreckhorn dans le Grindelwald
& le Mont-Rofa en Piémont ; je les voyois l'un
& l'autre fous un angle de 30 minutes au-deffous
de l'horizon : or malgré l'abaiffement du niveau

vrai au-deſſous du niveau apparent, cet angle laiſſe encore au Mont-Blanc une ſupériorité décidée.

Je rapportai des flacons remplis d'air pris ſur la cime ; mais je n'ai pas pu encore l'analyſer. Je pris auſſi de la neige dans le même deſſein.

Je me faiſois le plus grand plaiſir de répéter les belles expériences de M. BERTHOLLET, & d'éprouver combien la vivacité de la lumière accéléreroit la décompoſition de l'acide marin déphlogiſtiqué : nous en avions préparé de très-concentré, & j'en avois pris des flacons avec moi. Mais avec quelque ſoin que je les euſſe fermés, le gas s'échappa au point de décolorer le papier bleu dont je les avois enveloppés.

Je ne pus point faire d'expérience ſur l'évaporation de l'eau, parce qu'elle ſe geloit même au ſoleil ; & celle de l'éther exige des attentions ſoutenues qui ont échappé à ceux qui l'ont tentée, & que je n'étois pas en état de prendre.

Je fus obligé par la même raiſon de renoncer à des expériences nouvelles que j'avois projetées ſur la tranſparence de l'air. Mais j'eſpère de réparer ces omiſſions. M. EXCHAQUET a découvert, à l'eſt du Mont-Blanc, un grand plateau élevé de 18 à 1900 toiſes, & dans une ſituation très-avantageuſe pour des expériences. On trouve ſur ſes

bords quelques rochers où l'on pourra fe conf-
truire des abris; & comme à cette hauteur je ne
fuis point incommodé par la rareté de l'air, j'irai
m'y établir avec mon fils; nous préparerons là
fur-le-champ notre acide marin; nous y pafferons
quelques jours, & nous efpérons d'y faire diverfes
obfervations intéreffantes.

POST - SCRIPTUM.

Je n'ai point vu la Mer du haut du Mont-Blanc;
mais comme plufieurs perfonnes m'ont demandé
fi je l'avois vue, j'ai eu la curiofité d'examiner fi
cela feroit poffible. Le Mont-Blanc étant élevé de
2450 toifes, fa cime doit être vifible, abftraction
faite de la réfraction, à la diftance de 126600
toifes, ou de 63 petites lieues de France. La
réfraction augmente cette diftance d'environ 5
lieues & la porte ainfi à 68. Or les bords du
golfe de Gênes où la Mer fe rapproche le plus
du Mont-Blanc en font éloignés d'environ 112000
toifes. On pourroit donc voir, non-feulement le
bord de la Mer, mais jufques à 12 lieues au-delà
s'il n'y avoit que des plaines entre le Mont-Blanc
& la Mer, & fi, ce qui n'eft guères probable,

l'œil pouvoit diftinguer l'eau de la terre à la diftance de 56 lieues. Mais comme tout ce golfe
eft bordé de montagnes , j'ofe affurer qu'il eft
impoffible qu'on découvre la Mer. Quant aux
montagnes qui la bordent on peut certainement
les voir ; car j'ai bien cru reconnoître le Mont-
Blanc du haut de la montagne de Caume fituée
à 2 lieues au nord de Toulon. Il eft vrai que
cette montagne , d'après mon obfervation du
baromètre , eft élevée au moins de 400 toifes
au-deffus du niveau de la Mer.

www.ingramcontent.com/pod-product-compliance
Lightning Source LLC
LaVergne TN
LVHW020457060726
842525LV00005B/1760